LES
DEUX FERMIERS,

COMÉDIE

EN UN ACTE, ET EN PROSE,

REPRÉSENTÉE *sur le Théâtre du Palais Royal, le Lundi 14 Janvier 1788.*

Prix, 24 sols.

A PARIS,
Chez CAILLEAU, Imprimeur-Libraire, rue Galande, N°. 64.

1788.

PERSONNAGES.	ACTEURS.
M. DE MIRCOURT, Seigneur de l'endroit.	M. Vallois.
MICHAUT, } frères, fermiers du Seigneur.	M. Volange.
MATHURIN, }	M. Michot.
PERRETTE, femme de Michaut, méchante femme.	Mlle Prieur.
CATAU, fille de Michaut.	Mlle le Roi.
LE BAILLI, amoureux de Catau.	M. Bordier.
LUCAS, filleul & rival du Bailli, espèce de niais dépaysé & à prétention.	M. Baulieu.

LES DEUX FERMIERS,

COMÉDIE.

Le Théâtre représente un paysage.

SCENE PREMIERE.

MICHAUT, LE BAILLI.

LE BAILLI.

JE vous l'ai dit cent fois, Maître Michaut, vous n'avez pas avec votre femme ce ton absolu qu'il faudroit avoir ; vous n'avez pas assez de fermeté ; on peut aimer sa femme ; quoique ce ne soit pas trop l'usage, cela n'est pourtant pas défendu ; mais encore faut-il que vous soyez le maître chez vous.

MICHAUT.

Je convenons de cela, Monsieur le Bailli,

j'aurions besoin, comme vous le dites, d'un peu de fermeté; mais que voulez-vous? Maugré son himeur, & son caractère diabolique queuquefois, c'est notre minagère, & je ne pouvons prendre sur nous de lui dire une parole plus haute que l'autre; non, c'est plus fort que nous, j'aimons mieux endurer.

LE BAILLI.

Eh bien, mon ami, à votre aise; mais je vous en avertis, ne me demandez plus de conseils. Savez-vous que si tous les ménages du canton ressembloient au vôtre, vous me feriez déserter le village; vous avez cependant un bel exemple à suivre, voyez Maître Mathurin, votre frère, comment il vit avec sa femme; il est vrai que Mathurin est un ange pour la douceur, pour le caractère, & voulez-vous que je vous parle franchement, il faut que ce soit elle pour endurer tous les mauvais traitemens que votre femme lui fait essuyer.

MICHAUT.

Querelles de femmes que tout ça, Monsieur le Bailli.

LE BAILLI.

Querelles de femmes, si vous voulez; mais j'ai moi-même à me plaindre de Perrette; ce n'est pas une querelle de femme, j'espère. Il y a quelques jours que je lui conseillois amicalement de songer au mariage de la belle Catau. Je lui proposois pour cette aimable enfant, la perle du village, un parti sortable, un mari qui, à la vérité, n'est pas dans la fleur de l'âge; mais, qui, par sa charge, & la confiance dont Monseigneur l'honore, peut prétendre à ce qu'il y a de mieux; je me proposois enfin; eh bien mon ami, au lieu d'accepter avec reconnoissance, il n'y a pas d'horreurs dont elle ne m'ait accablé; vous conviendrez....

MICHAUT.

Eh! jarnigoi, Monsieur le Bailli; est-ce que je ne la connoissons pas? Mais c'est une misère que cela....

LE BAILLI.

Comment, une misère.

MICHAUT.

Vous ne savez pas le pire de l'aventure, & puisqu'il faut vous parler à cœur déboutonné, vous saurez donc que notre femme veut absolument rompre la société qui existe entre Mathurin & moi, pour la ferme des biens de Monseigneur, v'là ce qui me chagrine.

LE BAILLI.

Et vous avez raison.... Ah! ah! Cette séparation revient encore sur le tapis; pour cette fois elle se fera. J'ai bien voulu la dernière fois qu'il en a été question, concilier les choses, ne pas prendre garde à un premier mouvement de vivacité; mais ceci est par trop fort, & puisque votre femme veut faire une sottise, croyez-moi, elle a besoin de cette petite leçon... Vous n'en vivrez que plus heureux; Monseigneur arrive justement aujourd'hui pour le renouvellement du Bail; les partages se feront en sa présence, & je vais m'occuper d'en dresser les articles.

MICHAUT.

Tudieu, comme vous taupez là-dedans; ce n'est

pas tout-à-fait mon compte ; un peu de modération, je vous en prions. Je pensons à une chose, faites un dernier effort ; raccommodez tout cela, & vous verrez que je sommes dans le cas d'être le maitre quand il le faut ; vous aimez Catau, n'est-ce pas ?

LE BAILLI.

Si je l'aime ? qui ne l'aimeroit pas !

MICHAUT.

Eh ! bien, Monsieur le Bailli, je la donne à Lucas votre filleul ; c'est un gentil garçon, il aime ma fille, Catau l'aime itou, vous aimez les bons ménages, vous serez servi à souhait.

LE BAILLI.

Tout de bon ? Je vous en fais mon compliment ; vous choisissez fort bien votre gendre. Lucas un fort joli garçon ! c'est le plus déterminé vaurien que je connoisse.

MICHAUT.

Comment ? Lucas dont on disoit merveille.

LE BAILLI.

Vous savez que je l'avois envoyé à Paris chez un de mes amis, Procureur en la Cour, pour lui donner connoissance des affaires : j'avois même l'intention de lui faire passer un jour ma Charge, avec l'agrément de Monseigneur. He bien ! mon ami, ce drôle-là ne s'est-il pas avisé de manquer de respect au Maître-Clerc, & de plaisanter sur une misérable petite intrigue de la Procureuse ; il s'est enfin fait chasser de son Etude. Je l'abandonne à son malheureux sort, & le renvoye dès demain à son pays. Je ne vous parlerai pas de mille autres petites fredaines qu'il a faites.... Ce Monsieur avoit aussi une inclination....

MICHAUT.

Ce que vous dites-là seroit possible!

LE BAILLI.

Ce que je vous dis est à la lettre ; & ce beau Monsieur qui, par parenthèse, se faisoit appeller de la Ferronniere, du nom de ce petit bien que vous me connoissez, arrive ici lestement il y a quinze jours, en me disant que, satisfait de son zèle & de son amour pour le travail, son Procureur l'envoyoit ici passer les vacances ; une lettre que je viens de recevoir, m'apprend tout le contraire, il n'en fait rien encore, & je suis jaloux de voir un peu ce qu'il me dira pour ses raisons. Tout ce que je sais c'est qu'il n'est pas reconnoissable.... L'air de Paris, certain je ne sais quoi ; & je gagerois que le coquin est en ce moment à lutiner quelque fille du Village.

MICHAUT.

Je n'en reviens pas.

LE BAILLI.

Ecoutez, Mìatre Michaut, je vous estime, vous êtes un honnête homme, & par amitié pour vous, je veux bien encore essayer de faire entendre raison à votre femme ; mais aussi je ne veux pas obliger un ingrat ; pour me prouver que vous êtes le maître ; donnez-moi la belle Catau pour épouse ; vous ne perdrez pas au change, je crois.

MICHAUT.

C'est vrai, Monsieur le Bailli ; mais Catau....

LE BAILLI.

Toujours le petit mot pour rire; ni Catau non plus.

MICHAUT, *à part.*

Qu'eſt-ce que je riſquons de promettre, notre femme n'y conſentira jamais. (*Haut.*) Allons, Monſieur le Bailli, arrangez notre affaire, & je vous baillons Catau.

PERRETTE, *en dehors.*

Jour de Dieu, c'eſt ce que j'allons voir.

LE BAILLI.

Je crois entendre votre femme; pour éviter quelqu'explication fâcheuſe, laiſſez-moi ſeul avec elle & comptez ſur moi.

MICHAUT.

Allons, v'là qu'eſt dit, que tout s'arrange & Catau eſt à vous.

SCENE II.

LE BAILLI, PERRETTE.

PERRETTE.

VOTRE ſervante, Monſieur le Bailli; eh bien, ſommes-nous encore fâchés: venez-vous encore demander Catau en mariage; je gageons que vous venez de compter tout ça à Michaut; mais vous ne ſavez donc pas que ni vous, ni mon homme, ni tous les diables, Monſieur le Bailli, ne me feriónt pas faire autrement que ce que j'ons bouté là.... Stapendant ne vous effarouchez pas, il ne tient qu'à vous d'épouser Catau, mais en revanche, il faut que vous promettiez de faire ce que jevenons vous demander, ou sinon je vous étrangle.

LE BAILLI.

Vous demander les choses de si bonne grace, Madame Perrette, qu'il n'y a pas moyen de vous refuser; de quoi s'agit-il?

PERRETTE.

Le voici; vous savez que je sommes en société avec Mathurin pour la Ferme des biens de Monseigneur?

LE BAILLI.

Je le sais.

PERRETTE.

Eh bien; il faut que tout cela finisse; chacun de son côté; pas plus de société que d'amitié entre nous. Mon beau frère est un sot, & ma belle sœur une impertinente, j'ons souffert pendant dix ans; mais à la fin ma patience échappe, & j'entendons, & je prétendons que chacun dès aujourd'hui se teniont chez soi & séparément.

LE BAILLI.

J'entends bien; mais que puis-je faire à cela?

PERRETTE.

Ce que vous pouvez faire à cela; ah! je vous l'apprendrons.

LE BAILLI.

Mais encore, n'y auroit-il pas moyen de concilier les choses.... Il me semble que la paix....

PERRETTE.

La paix! C'eſt juſtement parce que je ne voulons que la paix, qu'il faut que je ſoyons ſéparé aujourd'hui.

LE BAILLI.

Il y a donc eu quelque nouveau tapage?

PERRETTE.

J'allons vous conter çà. Hier, j'étions bonnement à cauſer avec la voiſine Magdeleine....

LE BAILLI.

Oui, de tout ce qui ſe paſſe dans le Village, c'eſt à merveille.

PERRETTE.

Je paſſions en revue tous les mariages qui s'étions faits depuis environ qu'eu qu'années, Magdeleine diſoit ſon mot, moi je diſois le mien....

LE BAILLI.

Charitablement, c'eſt tout naturel.

PERRETTE.

Quand v'là qu'une parole lâchée comme par haſard, me fait comprendre à moi qu'elle ſavoit que mon mariage....

LE BAILLI.

C'étoit fait fort à propos; oui, je vous entends.

PERRETTE.

Moi, voyez-vous, je ne laiſſons pas tomber ça. V'là que je dis à la voiſine; Magdeleine, il y a qu'euque choſe là-deſſous; ce n'eſt pas que je diſions non; mais quand on épouſe le garçon, il n'y a rien à dire, n'eſt-ce pas, Monſieur le Bailli?

LE BAILLI.

Surement.

PERRETTE.

Mais, qu'eſt-ce qui t'a dit ça, que je lui dis ; pardine me dit-elle, c'eſt le ſecret de Polichinel, ta ſœur le conte à tous ceux-la qui voulont l'entendre ; vous penſez ben que notre converſation a fini là. Je ſommes accouru chez ma ſœur, je lui avons défilé notre hiſtoire, qu'elle n'a pas renié dà, & ſans ſon benêt de mari, qui eſt arrivé, je crois que j'allions la déviſager.

LE BAILLI.

Vous avez agi ſagement de n'en rien faire.

PERRETTE.

J'ons tout conté à Michaut, & je lui avons ſignifié qu'il n'auroit ni paix ny trêve dans la maiſon que je ne ſoyons plus en ſociété avec s'te ſournoiſe-là : je l'ons mis là, voyez vous, & pour s'te fois, tous les Monſeigneurs de la terre ne m'en ferions pas démordre ; v'là Monſieur le Bailli de quoi qu'il eſt queſtion. Ons je tort ; je vous en faiſons Juge.

LE BAILLI.

Ecoutez, Perrette, écoutez ; il n'eſt rien que je ne faſſe pour vous obliger, & obtenir la belle Catau ; mais êtes vous bien ſûre.... J'ai peine à croire que Mathurine ſe ſoit permis.... Il ne faut pas toujours ajouter foi.... Il y a tant de gens qui ſe font un plaiſir de mettre le trouble dans les familles ; vous connoiſſez cette Magdeleine, entre nous ſoit dit, c'eſt un aſſez mauvais ſujet.

PERRETTE.

Monsieur le Bailli, encore une fois je l'ons mis la, & il faut que ça soit ; d'abord je vous rendions justice, je vous trouvions le plus vieux, le plus laid, le plus maussade du Village ; mais aujourd'hui je vous trouvons à croquer ; je vous donnons la préférence pour ce qui regarde Catau sur les plus biaux garçons des environs.

LE BAILLI.

Mais il me semble que Lucas....

PERRETTE.

Ah ! ben oui, Lucas ; v'là un joli garnement !

LE BAILLI.

Que vous le connoissez bien !

PERRETTE.

Qu'il s'avise de remettre les pieds cheux nous ; j'allons de ce pas faire la leçon à Catau, si elle y manque elle verra de quel bois je me chauffe, & puis vous ne savez donc pas, c'est une occasion pour faire enrager notre homme, ainsi vous devez ben penser....

LE BAILLI.

C'est juste, c'est juste.

PERRETTE.

Si bien donc, Monsieur le Bailli, qu'il faut que vous métiez tout de suite les fers au feu ; qu'au lieu d'un bail, vous en fassiez deux, afin que Monseigneur n'ait plus qu'à signer à son arrivée. Vous apporterez itou le contrat de mariage pour Catau & vous, & je répondons du reste. Pour ce qui eſt de Lucas, faut pas queça vous inquiete, j'allons; comme je vous ai dit, lui chanter ſa gamme, & le prier tout uniment, comme dit la chanſon, de rengainer ſon compliment; votre ſervante, Monſieur le Bailli, votre ſervante.

SCENE III.

LE BAILLI, *ſeul.*

VOILA un joli petit bijou de femme; mais, récapitulons un peu, Perrette veut cette ſéparation, Michaut n'en eſt pas trop d'avis. Quel parti prendre! Tous les deux m'ont promis Catau; ma foi, tout vu, & tout conſidéré; c'eſt à Perrette qu'il faut chercher à plaire, la docilité de ſon homme que je condamnois il n'y a qu'un moment, me ſervira dans cette affaire beaucoup mieux que je ne penſois. Cependant, je crois qu'il ſeroit prudent d'éloigner ce Lucas; les choſes peuvent changer de face, & je pourrois bien redevenir aux yeux de Perrette, ce que je lui paroiſſois d'abord; elle me trouve charmant aujourd'hui; mais c'eſt un petit compliment de circonſtance ſur lequel il n'eſt pas trop ſage de compter. Monſieur Mathurin eſt allé conduire ſa femme au Village voiſin, pour la ſouſtraire à l'humeur de Perrette; profitons de ce moment d'abſence, pour faire ce que deſire la mère de Catau, & faire déguerpir Monſieur Lucas de la Ferronniere; juſtement, le voici.

SCENE IV.

LUCAS, LE BAILLI.

LUCAS, *sortant de chez Perrette.*

AH ! ben oui, on se moque ben de ça, & si Maître Michaut le veut.... Quelle chienne de femme que ste Perrette ; mais c'est tous les jours à recommencer ; hier, c'étoit pour son merle ; aujourd'ui, c'est pour Catau ; c'est un diable que cette enragée-là.

LE BAILLI.

Comment ? Comment ? Son Merle !

LUCAS.

Surement ; stanimal est privé ; moi j'avois laissé la cage ouverte. V'là que Perrette arrive, elle voit l'Oiseau dehors, elle me campe le plus beau soufflet ! On n'à pas d'idée d'ça. Pour un Merle & qui est méchant comme je ne sais quoi, assommer un jeune homme! J'avois qu'à me facher, moi, quand elle lui apprenoit à parler autrefois, & que ce Lucifer chaque fois que je venois à passer dans le Village qu'il m'appelloit toujours nigaud. Il a voulu recommencer son train, quand je suis arrivé de Paris ; mais je dis, je prends ça de la part de qui ça vient ; j'ai pris mon parti, je méprise ça.

LE BAILLI.

Ah! tu méprises ça ; c'est fort bien ; mais de

quoi t'avises-tu aussi d'aller te frotter dans cette maison; puisque tu avois hier à te plaindre de Perrette, pourquoi y retourner aujourd'hui?

LUCAS.

Pourquoi? Il est bon là, mon parrain! Pourquoi! c'est que j'aime Catau.

LE BAILLI.

Ah! tu aimes Catau.

LUCAS.

Et Catau m'aime bien aussi; il y a long-tems que c'est dit; nous allons nous marier.

LE BAILLI.

Je t'en fais mon compliment; mais écoute donc, Lucas; pendant ton séjour à Paris, es-tu bien resté fidèle à Catau?

LUCAS.

Ah! pour ça.... On peut bien dire.... Certainement il ne manque pourtant pas d'occasions-là... C'est pas pour me vanter: si j'avois voulu.... Mais pourquoi que vous me demandez ça, mon Parrain?

LE BAILLI.

C'est qu'il m'est revenu qu'un cerain Lucas de la Ferronniere....

LUCAS, *avec surprise.*

Tiens, mon Parrain qui sait.... Mais qu'est-ce qui vous a donc conté ça.

LE BAILLI.

Je sais bien autre chose, ma foi.... Comment as-tu quitté ton Procureur? étiez-vous bien ensemble?

LUCAS, *à part.*

Mon Dieu, mon Dieu, qu'il y a de vilaines gens dans le monde! (*Haut.*) Pardine ça ne se demande pas, comme les deux doigts de la main.

LE BAILLI.

On m'écrit cependant de Paris....

LUCAS.

Oui, quelques menteries, je parierois.

LE BAILLI.

Nous allons voir. (*Il cherche la lettre.*) Ah! la voilà. (*Il lit.*) « Je dois vous prévenir, mon cher » ami, que Lucas de la Ferronniere... (*Il l'interrompt.* (Lucas de la Ferronniere!

LUCAS.

Dame, ils se moquoient toujours de moi, ces Clercs; Lucas par-ci, Lucas par-là, & puis ils me rioient au nez; moi quand j'ai vu ça, j'ai pris un nom de Terre.

LE BAILLI.

Il n'y a pas grand mal à ça. (*Il continue de lire.*) » Que Monsieur Lucas de la Ferronniere, s'est » fort mal conduit ici. Son Procureur vient de me » marquer qu'il avoit été forcé de le mettre.... Lis toi-même comme il y a là....

LUCAS, *lisant*

De le mettre.... A la porte.... Ah! ça; c'est vrai.... (*A part.*) Au moment de souper encore.

LE BAILLI.

» Non content de manquer de respect à tout » le monde, & particuliérement au Maître Clerc,

il

» il s'est permis de plaisanter sur la conduite de
» la Procureuse ; ce qui a fort déplu.

LUCAS.

Pardine je crois bien ; elle vouloit toujours me faire porter ses billets doux....

LE BAILLI.

» Il ne manque ni d'esprit, ni d'intelligence,
» mais il est paresseux, & il aime un peu les
» femmes.

LUCAS.

Oh ! ça, il n'a pas tort.

LE BAILLI.

» Je ne le voyois ni Fêtes ni Dimanches ». Et où alliez-vous, s'il vous plaît, ces jours-là ?

LUCAS.

Où j'allois ? J'allois dîner en Ville.

LE BAILLI.

Et pourquoi pas chez votre Procureur ?

LUCAS.

Ah ! ben oui ; j'aurois fait-là un fier repas ; allez-y donc les Fêtes & Dimanches. Pour les Clercs, bernique, la marmite est renversée ; moi quand j'ai vu ça, j'ai fait une connoissance, une jeunesse !

LE BAILLI.

Vous voyez bien, mon petit ami, que je ne puis approuver cette conduite. Quant à la belle Catau, je m'intéresse trop à elle, pour souffrir qu'elle soit la femme d'un libertin de votre espèce ; & dès demain je vous renvoye au Pays.

LUCAS.

Ba ! vous croyez comme ça que je vas quitter Catau ; oh! que non pas, elle en mourroit de chagrin.

LE BAILLI.

Il faudra pourtant bien vous y résoudre, puisqu'il se présente un parti des plus avantageux ; & quand elle saura....

LUCAS.

Pardine, pardine, ça ne tardera pas, car la v'là justement qui arrive ; nous allons voir comment elle prendra ça. Je connois Catau, & je suis bien sûr....

SCENE V.

LES PRÉCÉDENTS, CATAU.

CATAU, *avec beaucoup de gaîeté.*

BON jour, Monsieur le Bailli.

LE BAILLI.

Adorable Catau, je suis votre petit serviteur.

CATAU.

Ma mère vient de m'apprendre une jolie nouvelle ; je vais me marier.

LUCAS.

Elle a mis sa mère à la raison.

LE BAILLI, *à part.*

Perrette est une femme admirable; (*Haut*) & vous êtes donc bien contente de vous marier?

CATAU.

Enchantée.

LE BAILLI.

Le mari qu'on vous destine est sans doute à votre gré.

LUCAS.

Je le crois; Catau seroit bien difficile.... Je lui défie bien de trouver mieux.

CATAU.

Monsieur Lucas a raison; je n'aurois jamais osé prétendre....

LUCAS.

Ah! ah! pourquoi donc; sûrement....

CATAU.

Monsieur le Bailli, ma mère vous aime à la folie; & comme je dois en tout la prendre pour modèle; je ne me suis pas fait dire deux fois de vous aimer.

LUCAS.

Comment? comment? Mademoiselle?

CATAU, *à part.*

Lucas enrage; à merveille. (*Haut.*) Monsieur le Bailli, cela sera-t-il pour aujourd'hui?

LUCAS.

Tiens; Mademoiselle qui n'aime pas que ça traîne. Ah ça, Catau, qu'est-ce que ça veut donc dire?

CATAU.

Cela veut dire que j'épouſe aujourd'hui Monſieur le Bailli, que ma mère le veut, & que moi je ne demande pas mieux. Voilà, Monſieur Lucas, ce que cela veut dire.

LE BAILLI.

Il n'y a rien de plus clair; vous voyez, mon cher ami, que ſans être un petit ſéducteur comme vous pouvez l'être, on n'eſt pas ſans moyen de plaire. Certainement je n'y mets pas la moindre envie de vous nuire, cela vient tout naturellement. Charmante Catau, je ſuis tranſporté de tout ce que je viens d'entendre; & ſi je n'avois ouï de votre propre bouche l'aveu des ſentimens que je vous inſpire; je ne pourrois jamais y croire; il ne faut pourtant pas être trop cruelle; ce pauvre garçon me fait peine; je vous engage à le conſoler. Je vais ſur le champ dreſſer les articles de notre contrat. Adieu, mon pauvre Lucas, tu peux à préſent demeurer dans le Village; j'oublie tes petites fredaines en faveur de ton infortune. Adieu, incomparable Catau.

SCENE VI.

LUCAS, CATAU.

LUCAS.

EH! bien, Mademoiſelle; ça s'arrange bien; mais queu vertigo vous a donc paſſé par la tête;

il n'y a qu'un moment, nous étions les meilleurs amis du monde....

CATAU.

C'eſt qu'il ne faut qu'un moment pour découvrir bien des choſes.

LUCAS.

Comment, découvrir bien des choſes! Peut-on ſavoir encore ce que Mademoiſelle a découvert; certainement pour ce qui eſt de ma flamme, je ſuis bien tranquile.

CATAU.

Bien tranquille? Vrai? vous n'avez rien à vous reprocher.

LUCAS, *à part.*

Ah! mon Dieu, mon Dieu, eſt-ce que mon parrain auroit jaſé. (*Haut.*) Mademoiſelle, je ſuis innocent; & tout ce que je puis vous dire, c'eſt que vous êtes tout le caractère de votre mère.

CATAU.

Des injures! Jolie manière de ſe juſtifier.

LUCAS.

Oui Mademoiſelle; on n'afflige pas un jeune homme ſans lui dire pourquoi; c'eſt vilain à vous, & je prends mon parti. Je vous aimois; je ne vous aime plus.

CATAU.

Voyez le grand malheur; il faut convenir que je fais-là une fiere perte! heureuſement que Monſieur le Bailli m'en dédommagera; pour vous, Monſieur Lucas, Mademoiſelle Thérèſe à qui vous avez donnez un rendez-vous pour la fête prochaine....

LUCAS.

Thérèse! Oh ça, on peut bien dire.... Ecoutez-moi, Mademoiselle, c'est une malice de Thérèse, qui a voulu vous mettre martel en tête, je vois ça, & je vas vous conter le fait. On arrive de Paris, & vous pensez bien que les filles d'un Village ont des yeux.

CATAU.

Monsieur Lucas n'a pas d'amour-propre!

LUCAS.

Est-ce ma faute à moi, si je fais plus de conquêtes que je ne veux. J'ai donné dans l'œil à Thérèse, elle m'a fait promettre de la conduire à la fête prochaine; mais dans des cas comme ça; Mademoiselle, pour se débarrasser des personnes, on promet beaucoup de choses qu'on sait bien qu'on ne tiendra pas; v'là Mademoiselle ce qui en est; voyez à présent si j'ai mérité que vous me traitiez comme vous faites.

CATAU.

Belle excuse! Vous croyez donc que je me contente de cela; il ne faut manquer de parole à personne. J'ai promis d'épouser Monsieur le Bailli, je vous montrerai l'exemple. Je ne veux pas pour mari, d'un homme à bonnes fortunes. Après le mariage vous n'auriez qu'à faire encore des conquêtes; je serois bien avancée! Je suis bien sûre que Monsieur le Bailli n'en fera pas. Monsieur Lucas, votre très-humble servante.

LUCAS.

Mademoiselle, je vais trouver Monsieur Michaut, & nous verrons....

SCENE VII.

LES PRÉCÉDENS; MATHURIN.

MATHURIN.

COMMENT, morgué, déjà en querelle; eh! mes enfans, vous êtes ben pressés; un moment de patience; vous n'êtes pas encore mariés. Est ce que par hazard tu voudrois faire comme ta mère, ma pauvre Catau? Je savons ce qu'en vaut l'aune; Lucas seroit à plaindre.

LUCAS.

Tenez, Maître Mathurin, jugez-nous vous-même.

CATAU.

Ne l'écoutez pas, mon oncle, c'est un infidèle.

MATHURIN.

Un infidèle! Qu'est-ce que tu me dis-là mon enfant Ah ben, je sommes au fait; je n'avons pas besoin d'en savoir davantage. Vous n'avez tort ni l'un ni l'autre.

CATAU.

Comment, mon oncle.

MATHURIN.

Eh! oui, mon enfant; ces petites brouilles-là

ſont que les Amans s'en aimont davantage. De tous les tems on s'eſt brouillé comme çà, & pour ce qui eſt du mariage, il vaut mieux qu'elles veniont avant qu'après.

LUCAS.

S'il vous plaît, c'eſt qu'il n'y a pas de quoi fouetter un chat.

MATHURIN.

Ecoutez; Catau, vas dire à ton père que je ſommes revenus, & que je l'attendons ici. Et toi, Lucas, ne te chagrine pas; je ferons la paix & ton mariage. Allez, mes enfans, que ce qui nous arrive vous ſervions d'exemple, & ſouvenez-vous toujours que la paix dans le ménage, & dans une famille, eſt le plus grand bien que la Providence puiſſe nous accorder. Vas, ma petite Catau, vas. (*Elle ſort.*) Dis-donc, Lucas, paſſe chez le Bailli, & dis lui de penſer à s'te petite affaire dont je viens de lui parler.

SCENE VIII.

MATHURIN, *ſeul.*

AVEC tout ça, ce maudit partage me chiffonne. Se ſéparer c'eſt ben dur. J'étions ſi ben d'accord avec notte frère avant que je ſoyons mariés. J'étions heureux. Ah dame, je n'avions pas de femme non plus.... Pas de volontés que les nôtres.... Ce pauvre Michaut, c'eſt lui qui me chagrine.... Il a dix enfans, & je n'en avons pas un, nous; après tout, ce n'eſt peut-être pas notre faute.... Encore s'il y avoit moyen de faire entendre raiſon à nos femmes ; oui, c'eſt ben dit, mais à moins d'un miracle, comptez là-deſſus ; allons morgué, il n'y faut plus penſer ; j'aurons la paix. Eh ben, coute qui coute, ne barguignons plus, & que tout ſoit fini. (*Il va au-devant de ſon frère.*) Eh! bon jour frère, comment ça va-t-il mon ami?

SCENE IX.

MICHAUT, MATHURIN.

MICHAUT.

MA foi, frère, comme tu vois, guères chanceux. Et notre ſœur comment ſe porte-t-elle?

MATHURIN.

Comme une Reine, mon ami; elle t'embraſſe. Dieu merci, j'allons avoir la paix, pour cette fois; nos femmes ne ſont plus enſemble, ce ſera ben le diable, ſi elle ſe querellont : & ma ſœur?

MICHAUT.

Oh ! elle n'eſt pas changée, c'eſt toujours un démon.

MATHURIN.

Que veux-tu, frère, c'eſt une femme.

MICHAUT.

Je ne croyons pas, par exemple, que celle-là ait ſon pareil ; depuis ton départ je n'ons pas eu un moment de repos. Elle a cherché noiſe à tout le monde ; Lucas, Catau, le Bailli & moi; il a fallu y passer, il n'y a pas eu moyen; il n'y a plus que Monseigneur. Oh! il sera ben heureux, s'il en réchape. Et puis tu ne sais pas, elle veut absolument que je nous séparions; le Bailli est dans ses intérêts, & pour ste belle besogne, il épouse Catau, que sais-je....

MATHURIN.

Et le Bailli y compte.... Je venons de le quitter. Pour le partage, il sera bentôt baclé, c'est la chicane en personne; mais pour Catau j'en fais mon affaire, s'il ne se marie qu'avec elle....

MICHAUT.

Comment, le partage!

MATHURIN.

Oui, notre séparation.

MICHAUT.

Mais y penses-tu, frère?

MATHURIN.

Mon ami, tu me connois; mais il faut que ça soit; il le faut.

MICHAUT.

Comment, mon ami, il le faut! Mais que veux-tu donc que je devenions; mes enfans sont-ils la cause de l'himeur de Perrette? Allons, frère, penses-donc à çà. Tu ne voudrois pas m'affliger Je t'avons toujours aimé, je t'aimerons toujours, tu m'aimes itou. Fait-on le malheur da ceux-là qui nous sont chers? Tant que nos biens ont été en communs, grace à toi, je n'ons pas connu le besoin, je n'avons demandé de secours à personne; mais si tu m'abandonnes, si nous partageons nos profits, la Ferme de Monſeigneur, qui prendra ſoin de mes enfans ; tu es ben heureux, tu n'en as pas toi ; tu vivras à l'aiſe. Mourir de faim ou de misère, v'là pourtant mon lot, ſi tu fais ſte malheureuſe ſéparation ; encore Perrette qui eſt la cauſe de tout çà ſera-t-elle aſſez méchante pour en accuſer un jour ton miſérable frère.

MATHURIN.

Ecoutes, frère, ce que tu dis-là, c'eſt mal. As-tu queuques raiſons pour penſer que je voulons t'abandonner. Il ne faut pas non plus que le chagrin te rendions injuſte ; ſi j'ons fait queuque choſe pour toi, c'étoit dans l'ordre, n'es-tu pas notre frère? J'ons fait notre devoir, c'eſt vrai, mais enfin, je l'ons fait, & v'là pour récompenſe que tu t'imagines que je te laiſſerons dans la miſère ; ah ! Michaut, je te parle franc ; je ne m'attendions pas à celui-là.

MICHAUT.

Pardon, mon ami, ſi je t'avons chagriné, c'eſt maugré moi ; mais quand une fois le partage & cette ſéparation ſeront faits, je ſerois tout ſeul avec mes dix enfants, & ſi par malheur queuque mauvaiſe année....

MATHURIN.

Primo d'abord, pour les bénéfices de la ferme partage égal, j'ons prévenu le Bailli là-deſſus ; abſolument comme quand j'étions garçons, les biens de Monſeigneur par moitié ; & s'il arrive comme tu dis, queuque mauvaiſe année, ſi queuque fléau fait tort à la vendange, à la moiſſon, eh bien, mon ami, tu viendras me trouver ; tu me diras frère, l'année eſt ben chétive s'tannée; je t'entendrai, je ſaurai ce que ça veut dire, moi qui t'aimons, qui voudrons t'obliger, & je te dirois à cela; mon ami, v'là mon cœur, ma bourſe, & mes greniers; tu y puiſeras tant que tu voudras, & je te prêterons tout ça, à condition que tu ne me rendras rien.

MICHAUT.

Ah! mon pauvre Mathurin, mon cher Mathurin.

MATHURIN.

Eh! n'eſt-ce pas tout ſimple? Tu as de la famille, & je n'en ons pas je n'aurions pas été fâché d'avoir queuques marmots, mais enfin, puiſque c'eſt comme ça, je dépenſerons pour les tiens ce que les miens m'auriont coûté. Je pourrons t'obliger, eh ben, c'eſt un bonheur pour un autre, je n'aurons rien à deſirer.

MICHAUT.

Tiens frère, tout cela eſt bel & bon; mais faiſons mieux mon ami, crois-mois reſtons comme nous ſommes, point de ſéparation; je te promettons de faire entendre raiſon à notre femme.

SCENE X.

LES PRÉCÉDENS, PERRETTE.

PERRETTE, *qui a entendu les derniers mots de la précédente Scène.*

OH, ne vous flattez pas de ça. Il faut que tout soit bâclé, & tout à l'heure. (*Avec humeur.*) Bon jour, mon frère.,.. Dieu merci, nous v'là débarrassés de votre femme.

MATHURIN.

Grand merci, ma sœur. (*A Michaut.*) N'avois-tu pas promis de lui faire entendre raison; v'là de jolies petites dispositions.

SCENE XI.

LES PRÉCÉDENS, LUCAS.

LUCAS.

V'LA Monseigneur, v'là Monseigneur; ah! mon Dieu! mon Dieu! que je suis content! Je lui ai conté mon affaire, & ça s'arrangera; car Monseigneur m'a dit que j'étois un nigaud.

MATHURIN.

Monseigneur s'y connoît.

LUCAS.

Oui, un nigaud de me chagriner; ah! ah! Maître Mathurin; vous êtes toujours farce; en attendant, j'épouserai Catau.

PERRETTE.

Tu épouseras Catau! Un vaurien comme toi seroit le mari de ma fille! Ah! je suis sa mère, & je vous le prouverons.

MICHAUT.

Mais je sommes son père, peut-être?

PERRETTE.

C'est ce qu'il faudra voir.

MATHURIN.

Oui, oui ma sœur: vous avez raison, faudra éclaircir çà; mais pour le moment, un peu de douceur, s'il est possible; j'espérons que devant Monseigneur...

LUCAS.

Pardine, vaudroit mieux. Justement v'là Monseigneur avec Monsieur le Bailli.

SCENE XII, & dernière.

LES PRÉCÉDENS, LE BAILLI, M. DE MIRECOURT.

LE BAILLI.

CE que j'ai l'honneur de vous dire, Monseigneur, est à la lettre ; & mon mariage avec la belle Catau est une des conditions de ce partage.

M. DE MIRECOURT.

Bon jour, mes enfans ?

MICHAUT.

Pardon, Monseigneur, si j'avons manqué pour cette fois à ce que je vous devons ; j'aurions ben été, comme de coutume, au-devant de vous, Monseigneur ; mais voyez-vous, c'est que quand on est dans la tristesse, on ne sauroit prendre aucun plaisir.

M. DE MIRECOURT.

Comment ! ce que le Bailli vient de m'apprendre seroit-il vrai ?

MATHURIN.

Hélas ! que trop, Monseigneur, si j'étions encore garçon, ça ne seroit jamais arrivé ; oh ! ça, c'est ben sûr, mais vous saurez que nos femmes....

PERRETTE.

Nos femmes ! ah ! Monseigneur me connoît ; il

fait ben ce que vaut Mathurine, & que si tant seulement elle me ressembloit, il n'y auroit pas de brouille dans le ménage.

LUCAS.

La bonne personne!

M. DE MIRECOURT.

Perrette, Mathurine est absente, & je dois plaider sa cause; elle est douce, son caractère est heureux, je n'ai pas de vous moins bonne opinion, mais je croirois assez que vous avez plus de part qu'elle à cette séparation. Certain pressentiment....

PERRETTE.

Monseigneur....

M. DE MIRECOURT.

J'ai quelques petites raisons pour vous parler ainsi, ce n'est pas la première fois.... Ecoutez, faisons ensemble un petit arrangement. Vous savez tous combien je vous aime.

ENSEMBLE.

Ah! Monseigneur!

M. DE MIRECOURT.

Je réponds de Michaut, de Mathurin & de sa femme; ils approuveront ce que je vais faire, j'en suis persuadé.

MATHURIN.

Certainement ce que fera Monseigneur, je promettons d'avance.

M. DE MIRECOURT.

Je desire que mes biens soient affermés comme ils

ils l'ont toujours été; cependant je laisse à Perrette la liberté du choix; si elle n'est pour rien, comme j'aime à le croire, dans la séparation projettée, elle ne se fera pas; dans le cas contraire, je consens à tout; mais au moins saurai-je à quoi m'en tenir.

MICHAUT.

Allons Perrette.

PERRETTE.

Monseigneur.

M. DE MIRECOURT.

Vous hésitez, pourquoi?

PERRETTE.

Dame, Monseigneur, c'est que c'est aussi par trop embarrassant.

M. DE MIRECOURT.

Si Mathurine vous ressembloit, il n'y auroit pas de brouille dans le ménage; c'est vous qui l'avez dit.

PERRETTE.

Monseigneur, puisqu'il faut absolument que je parlions, je vous dirons donc, que je ne sommes pas la cause de ce partage, mais que je voulons bien qu'il se fasse.

M. DE MIRECOURT.

C'en est assez; vous serez satisfaite; mais songez bien, que si vous avez quelque sujet de vous en repentir, vous ne pourrez vous en prendre qu'à vous seule.

MICHAUT.

Vous entendez Perrette ; ah ! Monſeigneur v'là le moment que je redoutions le plus.

M. DE MIRECOURT.

Soyez tranquille Maître Michaut ; vous avez un bon Maître, un bon frère.

LUCAS.

Et une méchante femme, faut le dire, mon mariage ſeroit fait à moi, ſans tout ça.

LE BAILLI.

Voici, Monſeigneur, les deux baux qui ſont à ſigner, comme vos biens conſiſtent en deux fermes d'un égal rapport, j'en ai fait le partage aux conditions accoutumées ; chaque ménage habitera dans ſa ferme.

M. DE MIRECOURT.

C'eſt fort bien ; il ne reſte donc plus qu'à ſigner.

LE BAILLI.

Oui, Monſeigneur ; l'uſage voulant que l'aîné choiſiſſe la ferme qui lui conviendra ; c'eſt à Maîtré Michaut.

MICHAUT.

Allons, puiſqu'il le faut ; je choiſiſſons celle-ci, Monſeigneur, ſi c'eſt votre bon plaiſir.

MATHURIN.

Ce partage-là n'eſt pas égal.

M. DE MIRECOURT.

Il me ſemble pourtant....

MATHURIN.

Non Monſeigneur, ma part n'eſt pas complette.

MICHAUT.

Mais elle l'eſt, mon ami, tu le ſais bien.

MATHURIN, *avec beaucoup de ſenſibilité.*

Je ſais, & je vois qu'elle n'eſt pas complette, & qu'il y manque ce que j'en aimons le plus, eh! mon ami! crois-tu que moi qui n'ai point d'enfans, je vais diviſer nos biens ſans partager auſſi ta famille. J'en veux la moitié; tu as dix enfans, j'en choiſis cinq, & je prenons les plus jeunes, afin que les plus grands puiſſions t'aider dans tes travaux. Ce que j'exige-là, mon ami, ne m'en ſais pas gré, c'eſt notre femme qui l'a voulu; ſais ce que je diſons, ſans cela, point de partage, Monſeigneur peut diſpoſer de ſes biens.

MICHAUT.

Ah! mon cher Mathurin; ah! Monſeigneur. Eh bien! Perrette.

PERRETTE, *avec émotion.*

Je n'ons pas la force de parler; Monſieur le Bailli, donnez-moi tous ces papiers. (*Elle les déchire*) Monſeigneur, v'là le partage fini. (*Elle embraſſe Mathurin.*) Mon pauvre Mathurin, je vous promettons bien....

MATHURIN.

Tiens parole, ma chere Perrette, aimes-nous comme je t'aimons, & tout eſt oublié.

LUCAS.

Pardine v'la une fière action!

M. DE MIRECOURT.

Ah! mes amis, quel tableau touchant! que

vous me rendez fier du titre honorable de votre bienfaiteur; Mathurin, mon bon ami, comment te payer du plaisir pur que j'éprouve en ce moment. Vous voyez, Perrette, de quel ami vous alliez vous séparer; n'oubliez jamais une scène aussi délicieuse, & qu'elle soit pour vous, mes enfans, le garant d'une union éternelle; Lucas m'a parlé de quelque chose qui ne déplaira sûrement pas à la petite Catau.

LUCAS.

Ah! v'là mon affaire....

LE BAILLI.

Aussi Monseigneur, ai-je prévenu vos desirs; voici le contrat tout dressé; je donne à la belle Catau tous mes biens.

M. DE MIRECOURT.

Et moi j'ajoute pour son mariage avec Lucas, deux années du produit de la ferme.

LE BAILLI.

Monseigneur, j'aurai l'honneur de vous observer que j'ai pour ce mariage l'aveu de Catau, & le consentement de Perrette.

M. DE MIRECOURT.

C'est trop juste, Bailli. Je ne veux rien déranger ici; que Catau prononce si mon choix lui déplaît.

CATAU.

Puisque Monseigneur a bien voulu choisir, & qu'il faut que j'épouse Lucas, je ne demande pas mieux; un peu de jalousie....

M. DE MIRECOURT.

N'est pas une haine éternelle, sans doute....

Voilà qui est à merveille, vous consentez mes amis.

TOUS ENSEMBLE.

Oh! de tout notre cœur Monseigneur.

PERRETTE.

Et puis Monseigneur, je n'avions promis Catau qu'en cas de partage; il ne se fait pas. Partant quitte.

MATHURIN.

C'est ça, rien de fait.

M. DE MIRECOURT.

Allons, Bailli, vous ne voudriez pas vous opposer au bonheur de ces bonnes gens.

LE BAILLI.

Puisque Monseigneur le desire, je consens à tout.

LUCAS.

Ah! je voyois ben tantôt que c'étoit qu'une frime. Vas Catau, je connois les femmes! Allons, touche-là, ma petite Catau, me v'là ton homme.

MATHURIN.

Catau, je t'avions ben dit tantôt que ça ne dureroit pas; & toi, Lucas, reste avec nous, mon ami; sois Laboureur, laisse-là ta chicane, ne retourne plus chez ton Procureur, tu es un honnête garçon, ce seroit dommage.

LUCAS.

Ah! bien, v'là une bonne parole celle-là!

M. DE MIRECOURT.

Allons mes amis; célebrons cette heureuse journée par le mariage de nos jeunes gens.

(*A Mathurin.*) Portez à Mathurine la nouvelle de votre réconciliation, ramenez-la au sein de sa famille, & souvenez-vous toujours, mes bons amis, que la paix & l'union sont la source du vrai bonheur.

FIN

Lu & approuvé pour la représentation & l'impression, le 5 Janvier 1788. Signé SUARD.

Vu l'Approbation permis de représenter & d'imprimer à Paris ce 7 Janvier 1788. Signé DECROSNE.

DRAMES ET COMÉDIES

Qui se trouvent chez CAILLEAU, *Imprimeur-Libraire, rue Galande,* N°. 64.

A.

ABDOLONIME, ou le Roi berger.
A bon Chat, bon Rat.
A bon Vin point d'enseigne.
Alexis & Rosette.
Amant de retour. (l')
Amour & Bacchus au Village. (l')
Amour Quêteur. (l')
Amour Suisse. (l')
Amours de Montmartre. (les)
Anglais à Paris (l')
Anglaise (l') déguisée.
Arlequin muet.
Arlequin Roi dans la Lune.
Artisan Philosophe. (l')
Aveux imprévus. (les)
Avocat Chansonnier. (l')
Bal Masqué. (le)
Ballon. (le)
Barogo.
Bataille d'Antioche. (la)
Battus payent l'amende. (les)
Bayard.
Bienfaisans. (les)
Bienfait anonime. (le)
Bienfait récompensé. (le)
Blaise le Hargneux.
Bon Seigneur. (le)
Bon Valet. (le)
Bonnes gens. (les)
Boniface Pointu.
Bons Amis. (les)
Bottes de Foin. (les)
Brebis (la) entre deux Loups.
Cabinet de Figures. (le)
Cacophonie. (la)
Café des Halles. (le)
Ça n'en est pas.
Caprices (les) de Proserpine.
Carmagnole & Guillot Gorju.
Chacun son Métier.
Cent Ecus. (les)
Cent Louis. (les)
Consultations. (les)
Corbeille enchantée. (la)
Cristophe le Rond.
Churchill amoureux.
Colporteur supposé. (le)
Danger des Liaisons. (le)
Déguisemens Amoureux, (les
Déguisemens, (les)
Déserteur, Drame.
Devin par hasard. (le)
Deux (les) font la paire.
Deux Fermiers. (les)
Deux Fourbes. (les)
Deux Locataires. (les)
Deux Sœurs. (les)
Deux Sylphes. (les)
Dinde du Mans. (la)
Diogène Fabuliste.
Double Promesse. (la)
Dragon (le) de Thionville.
Duel (le)
Dupes de l'Amour. (les)
Echange (l') des deux Valets.
Ecole des Coquettes. (l')
Ecolier devenu Maître. (l')
Ecossaise. (l')
Ecouteur aux Portes. (l')
Emménagement de la Folie. (l')
Enrôlement supposé. (l')
Esope à la Foire.
Espiéglerie amoureuse. (l')
Etrennes de l'Amour, (les)
Eustache Pointu.
Fanfan & Colas.
Fanny
Faux Talisman. (le)
Fausses Consultations. (les)
Fausses Infidélités. (les)
Faux Ami, Drame. (le)
Faux Billets Doux. (les)
Fédéric & Clitie.
Femme comme il y en a peu. (la)
Femmes & le Secret. (les)
Fête des Halles. (la)
Fête Villageoise. (la)
Fin contre Fin.
Fête de Campagne. (la)
Folle Epreuve. (la)
Folies à la mode. (les)

Feu raisonnable. (le)
Freres. (les deux)
Frères. (les deux petits)
Guerre ouverte.
Gilles ravisseur.
Héloïse (l') Anglaise.
Heureuse (l') rencontre
Hymen (l'), ou le Dieu jaune.
Homme (l') comme il y en a peu.
Homme (l') noir.
Homme (l') & la Femme comme il n'y en a point.
Jacquot & Colas Duellistes.
Jacquot parvenu.
Janot chez le Dégraisseur.
Jeannette, ou les Battus ne payent pas toujours l'amende.
Jean qui pleure & Jean qui rit.
Jérôme Pointu.
Jeune Indienne. (la)
Il étoit tems.
Inconnue persécutée. (l')
Inconséquente. (l')
Intrigans. (les)
Laurette.
Lingère (la) ou la Bégueule.
Loi de Jatab. (la)
Mal-entendu. (le)
Mannequins (les)
Manteau écarlate. (le)
Mariage de Barogo. (le)
Mariage de Janot. (le)
Mariage de Melpomène. (le)
Margot la Bouquetière.
Mari (le) à deux femmes.
Marseille sauvée, Tragédie.
Martines. (les deux)
Matinée (la) du Comédien.
Médecin (le) malgré tout le monde.
Méfiant. (le)
Mélite & Lindor.
Mensonge excusable. (le)
Méprise (la) innocente.
Mieux fait douceur que violence.
Mère de Famille. (la)
Momus Philosophe.
Musicomanie. (la)
Naufrage d'Amour. (le)
Négre blanc. (le)
Ni l'un ni l'autre.
Nouveau parvenu. (le)
Noeud d'Amour. (le)
Nouvelle Omphale. (la)
La Nuit aux aventures.
Ombres (les) anciennes & modernes.
Oui ou non.
Parisien dépaysé. (le)
Pension (la) Genevoise.
Petites Affiches. (les)
Pierre Bagnolet & Claude Bagnolet
Poule au Pot. (la)
Pourquoi pas?
Pouvoir (le) des Talens.
Quatre Coins. (les)
Quiproquo de l'Hôtellerie. (le)
Ramoneur Prince (le).
Repas des Clercs. (le)
Repentir (le) de Figaro.
Résolution (la) inutile.
Revenant. (le)
Roméo & Juliette, Drame.
Rose & l'Epine. (la)
Ruse inutile. (la)
Sabotier, (le) ou les huit sols
Saintongeoise. (la)
Sculpteur. (le)
Sculpteur en Bois (le).
Sept n'en font qu'un. (les)
Sept (les) en font deux.
Serrail à l'encan. (le)
Soi-disant Sage. (le)
Sophie.
Solitude. (la)
Sourd. (le)
Susette & Colinet.
Sultan Généreux. (le)
Têtes (les) changées.
Thalie, la Foire & les Pointus.
Théâtromanie. (la)
Tibère, Tragédie.
Torts (les) apparens.
Tracasseries de Village.
Triomphe (le) de la bienfaisance.
Tripot Comique. (le)
Triste Journée (la).
Trois Aveugles (les)
Trois Léandres. (les)
Turcaret, de le Sage.
Usurier dupé (L')
Valet (le) à deux Maitres.
Vannier (le) & son Seigneur.
Vendanges de Suresne. (les)
Vénus Pélerine. Verseuil.
Veuve (la) comme il y en a peu.
Veuve (la) Angloise.
Wist, (le) & le Loto.
Zarine, Tragédie.

www.ingramcontent.com/pod-product-compliance
Ingram Content Group UK Ltd.
Pitfield, Milton Keynes, MK11 3LW, UK
UKHW020415220726
13923UKWH00004B/1967